BEI GRIN MACHT SICH IHR WISSEN BEZAHLT

- Wir veröffentlichen Ihre Hausarbeit,
  Bachelor- und Masterarbeit

- Ihr eigenes eBook und Buch -
  weltweit in allen wichtigen Shops

- Verdienen Sie an jedem Verkauf

Jetzt bei www.GRIN.com hochladen
und kostenlos publizieren

Bibliografische Information der Deutschen Nationalbibliothek:

Die Deutsche Bibliothek verzeichnet diese Publikation in der Deutschen National-bibliografie; detaillierte bibliografische Daten sind im Internet über http://dnb.d-nb.de/ abrufbar.

Impressum:

Copyright © 2015 GRIN Verlag, Open Publishing GmbH
Druck und Bindung: Books on Demand GmbH, Norderstedt Germany
ISBN: 9783668161689

Dieses Buch bei GRIN:

http://www.grin.com/de/e-book/316726/das-ameisenbuechlein-von-christian-gotthilf-salzmann-und-der-11-punkte-plan

Julia Drafz

Das "Ameisenbüchlein" von Christian Gotthilf Salzmann und der 11-Punkte-Plan zur Erziehung der Erzieher

GRIN Verlag

GRIN - Your knowledge has value

Der GRIN Verlag publiziert seit 1998 wissenschaftliche Arbeiten von Studenten, Hochschullehrern und anderen Akademikern als eBook und gedrucktes Buch. Die Verlagswebsite www.grin.com ist die ideale Plattform zur Veröffentlichung von Hausarbeiten, Abschlussarbeiten, wissenschaftlichen Aufsätzen, Dissertationen und Fachbüchern.

Besuchen Sie uns im Internet:

http://www.grin.com/

http://www.facebook.com/grincom

http://www.twitter.com/grin_com

Ludwig-Maximilians-Universität München

Seminar Lektüre pädagogischer Klassiker

Wintersemester 2014/2015

Christian Gotthilf Salzmanns Ameisenbüchlein zur Erziehung der Erzieher

vorgelegt am 23. Februar 2015

Julia Drafz

Inhaltsverzeichnis

Christian Gotthilf Salzmanns Ameisenbüchlein

zur Erziehung der Erzieher

I. Einleitung: Das Leben Salzmanns und seine pädagogischen Schriften

Christian Gotthilf Salzmann wurde am 1. Juni 1744 als Sohn eines Diakons in Sömmerda in der Nähe von Erfurt geboren. Durch den Beruf seines Vaters, der später zum Pfarrer der Stadt befördert wurde, hatte Salzmann von Anfang an Kontakt zur evangelisch-lutherischen Konfession.

Nach seinem Schulabschluss fing er an der Universität Jena ein Theologiestudium an. Statt eines ausschweifenden Studentenlebens widmete er sich lieber dem Lernen und der Beobachtung der Natur, was die Grundlage für seine spätere Erziehungsanstalt in Schnepfenthal bildete.

Nach bestandenem Examen trat Salzmann seine erste Stelle als Pfarrer in Rohrborn an, wo er seine zukünftige Frau Sophie Schnell kennenlernte, mit der er später 15 Kinder hatte. Nach vier Jahren Amtszeit zog er mit seiner Familie aufgrund von finanziellen Problemen nach Erfurt, da Salzmann dort einen besseren Posten in der Kirchengemeinde gefunden hatte. Die dortige schwierige soziale Lage der Einwohner hob sich von der gewohnten ländlichen Idylle ab, was Salzmann erstmals bewog, seine Gedanken dazu in seinem Roman „Carl von Carlsberg oder über das menschliche Elend" zu veröffentlichen.

Mit seinem nachfolgenden Werk „Über die wirksamsten Mittel, Kindern Religion beizubringen" brachte er orthodoxe Kirchengelehrte gegen sich auf, welche seine Reform strikt ablehnten. Wegen diesem Konflikt und weil er durch seine Schriften auch außerhalb von Erfurt bekannt geworden war, sagte er der von Basedow angebotenen Arbeitsstelle als Religionslehrer am Philantropin in Dessau zu.

Nach einer Meinungsverschiedenheit mit Basedow, ausgelöst durch eine vorgeschlagene Änderung des Philantropin von Seiten Salzmanns, verließ dieser das Institut und beschäftigte sich mit seinem Plan, selbst eine Erziehungsanstalt nach eigenen Vorstellungen zu gründen. Nach Erwerb des Gut Schnepfenthals baute er dort eine Einrichtung auf, welche den Schwerpunkt auf „naturverbundene körperliche Erziehung und Entwicklung" (Dräger, 2007, S. 20) legte, die er bis zu seinem Tod im Jahr 1811 leitete. Als einzige philantrophische Schule existiert sie noch heute als ein Gymnasium mit sprachlichem Schwerpunkt.

Durch ihren Erfolg wurden Salzmanns Schriften mehrmals neu aufgelegt sowie in zahlreiche Sprachen übersetzt. Neben seinen bereits genannten Veröffentlichungen brachte er zudem das Krebsbüchlein und das Ameisenbüchlein heraus. Letzteres schaffte bisher über 50 Auflagen und wird auch heute noch sowohl in Einzelausgaben als auch in Sammelbänden pädagogischer Klassiker publiziert (Dräger, 2007, S.11-32).

Daraus ergibt sich nun die Frage, ob seine Thesen des „Ameisenbüchleins" immer noch anwendbar sind und welche Kritikpunkte es darin gibt. Um diese Frage zu beantworten, werden zunächst der Leitspruch Salzmanns und seine Vorstellung über die Erziehung des Erziehers näher betrachtet, um abschließend auf einzelne Aspekte des Plans zur Erziehung der Erzieher einzugehen.

II. Hauptteil
1. Das Symbolum und grundlegende Fehler der Erzieher
1.1. Das Symbolum - Salzmanns elementare Leitformel

Gleich nach dem Vorbericht des „Ameisenbüchleins" führt Salzmann seine Leitformel für seine Art der Erziehung ein, die wie folgt lautet:

„Von allen Fehlern und Untugenden seiner Zöglinge muß der Erzieher den Grund in sich selbst suchen." (Dräger, 2007, S. 14)

Dies bedeutet, dass jeder Fehler, den ein Kind macht, von seinen Erziehern (Eltern, Lehrer, Betreuer, etc.) herrührt und es deren Aufgabe ist, bei sich selbst herauszufinden, warum dies so ist. Salzmann dementiert anschließend gleich, dass die Erzieher immer die Verantwortung für inkorrektes Verhalten haben, sondern lediglich lernen sollen, Fehler in sich zu suchen, um „ein guter Erzieher zu werden" (Dräger, 2007, S. 15).

Die Schuld für Fehlbetragen nicht den Kindern selbst zu zuschieben, sondern sein eigenes Tun und Handeln als Erzieher zu reflektieren, war ein völlig neuer Ansatz in der Pädagogik des 18. Jahrhunderts.

Im Laufe dieses Kapitels weißt Salzmann auf drei Fehler, die Erzieher machen, hin, auf die nun einzeln näher eingegangen wird.

1.2. Grundlegende Fehler in der Erziehung
1.2.1. Veränderungen am eigenen Zustand

Zentral ist hier die Erfassung von Veränderungen, die den Erzieher betreffen. Das schließt sowohl physische, „Unverdaulichkeit" und „durch Erkältung den Schnupfen" (Dräger, 2007, S. 16), als auch psychische Aspekte („Seele verstimmt" (Dräger, 2007, S. 16)) ein, wobei keine hierarchische Ordnung erfolgt. Es sind Veränderungen, die auf das Handeln des Erziehers Einfluss nehmen und somit auch auf die Zöglinge einwirken.

Das ist richtig, da Kinder feine Antennen für den Gemütszustand von Erwachsenen haben, sich nicht unbedingt positiv zu diesem verhalten und dies möglicherweise sogar ausnutzen. Fraglich ist jedoch, ob sich jede Abwandlung der normalen Leistungsfähigkeit auf die Erziehenden auswirkt und auch bemerkt wird. Man sollte hier von kleineren, kurz andauernden und größeren, lang andauernden Beschwerden und Problemen differenzieren. Ersteres wären beispielsweise Kopfschmerzen, durch die ein Lehrer gegenüber seinen Schülern etwas reizbarer als sonst erscheint, die aber den normalen Unterrichtsablauf nur gering beeinträchtigen und am kommenden Tag wieder verschwunden sind. Dagegen liegt bei Letzterem zum Beispiel ein länger währender Konflikt wie etwa psychische Probleme oder die Trennung des Partners zu Grunde. Dies ist der Kategorie zugeordnet, wozu sich Salzmann folgendermaßen äußert: „Deine Seele ist trüb, dein Blick finster und zurückstoßend, deine Erinnerungen sind herb, jeder jugendliche Mutwille reizt dich zum Zorn." (Dräger, 2007, S. 17). Hier ist die Problematik dauerhaft vorhanden und für die Zöglinge erkennbar, wodurch der Erzieher zum Beispiel im Sinne von Gruppendynamiken, die den Unterricht stören, angreifbar ist.

1.2.2. Ermahnungen

Salzmann merkt an, dass „der Ton, aus dem man mit jungen Leuten spricht, (...) von großer Wichtigkeit [ist]" (Dräger, 2007, S. 18). Er fordert eine angemessene, aber strenge Sprache sowie eine dem Inhalt angepasste Mimik und Gestik (Dräger, 2007, S.19). Das ist bestimmt für die bereits genannten kurzweiligen Angelegenheiten passend, aber bei fortdauernden Problemen wäre sicherlich ein offener Umgang in Form eines Gespräch mit den Erziehenden in Kombination mit der von Salzmann dargelegten Empfehlung erfolgversprechender, da Kinder durchaus in der Lage sind, sich in andere Personen hineinzuversetzen und sich dann zu Gunsten ihrer Betreuer verhalten.

Man stößt an dieser Stelle zudem auf die Forderung Salzmanns, auf mehr Individualität in der Erziehung zu setzen. So schreibt er (Dräger, 2007, S. 28) von „eigenen Charakter und (...) eigenen Talente[n]" und steht für eine individuell zugeschnittene Behandlung jedes einzelnen Kindes ein. Charakterisiert wird dies mit einem Beispiel über öffentliches Kritisieren von falschen Verhaltensweisen (welches Salzmann grundsätzlich ablehnt) bei einem ehrgeizigen Jungen, der mit Rückzug und Trotz reagiert und einem Knaben, dem es an Selbstbewusstsein mangelt, welcher als Reaktion Weinen und Furcht vor weiteren Fehlverhalten zeigt. Wie man aber richtig vorgehen sollte, zeigt Salzmann nicht. Eine mögliche richtige Handlung könnte bei dem zweiten Jungen etwa sein, sich als Erzieher einen ruhigen Moment zu suchen, in dem man das falsche Verhalten anspricht und mit Vorsicht sowie Geduld ihm das Fehlverhalten darlegt.

1.2.3. Unverständnis für die Natur des Zöglings

Als letztes bringt Salzmann den Punkt an, „der Erzieher macht sich (…) auch der Fehler und Untugenden seiner Zöglinge schuldig, daß er ihnen dieselben andichtet." (Dräger, 2007, S. 22). Damit ist gemeint, dass Kinder Dinge vorrangig nicht aus bösen Willen oder Absicht machen, ihnen dies aber von ihren Erziehern unterstellt wird. Das vorherige Menschenbild, Kindern wären kleine Erwachsene, findet Ablösung, da Salzmann davon ausgeht, Kinder hätten ihre eigene Natur, welche die Grundlage für ihr Verhalten ist (Dräger, 2007, S. 23). Aus diesem Grund hat es keinen Sinn, Kinder für ihr Verhalten zu bestrafen, sondern ihren natürlichen Trieben nachgehen zu lassen wie es etwa im Gespräch zwischen Herrn Corydon und dessen Freund Mentor ersichtlich ist. Darin regt sich Herr Corydon auf, seine Zöglinge würden draußen „Hüpfen, Springen und Laufen" (Dräger, 2007, S.23) anstatt im normalen Tempo zu gehen. Mentor versucht seinen Freund zu beschwichtigen, indem er ein diszipliniertes Verhalten der Kinder in dieser Situation als „nicht natürlich" (Dräger, 2007, S. 24) bezeichnet. In diesem Fall ist das korrekt, denn Kinder brauchen auch Freiräume, um sich auszutoben und Kind zu sein. Jedoch gibt es Situationen, in denen Zöglinge für einen gewissen Zeitraum gegen ihre Natur leben müssen. Das ist zum Beispiel in der Schule der Fall, weil dort ca. 30 Kinder in einer Klasse sitzen und der Lehrer sich nicht auf jedes Kind einzeln konzentrieren kann, sondern nur kollektiv auf die Klasse eingeht. In dieser Situation ist es unerlässlich, dass die Kinder ruhig sind und nur reden, wenn der Lehrer es ihnen erlaubt. Sofern die bereits erwähnten Freiräume - in der Schule wären das die Pausen - ermöglicht werden, stellt dies kein Problem dar.

1.3. Zwischenfazit

Insgesamt berücksichtigt Salzmann den Einfluss zwischen Gleichaltrigen, der sogenannten Peer-Group, nur oberflächlich. Lediglich am Beispiel des Herrn Corydon (Dräger, 2007, S. 24 ff.), der, getroffen von einem Schneeball durch seine Schützlinge, entzürnt war, wird gezeigt, dass Kinder untereinander zusammenhalten. Die Beeinflussung ist aber immer gegeben und besonders in einer Erziehungsanstalt zu finden, da die Bewohner den kompletten Alltag gemeinsam erleben und zusammen wohnen. Salzmann gibt zwar kein konkretes Alter an, in dem sich seine Zöglinge befinden, jedoch sind diese ungefähr im schulpflichtigen Alter, weil sie bereits Unterricht erteilt bekommen, also ab sechs Jahren. Im frühen Schulalter ist der Einfluss der Gleichaltrigen nicht so groß, es werden die Erzieher als Vorbild gesehen, was sich dann aber mit Beginn der Adoleszenz ändert. Bezogen auf das Symbolum kann man in dieser Entwicklungsstufe nicht mehr ganz davon ausgehen, dass die Erzieher schuld am fehlerhaften Handeln ihrer Schutzbefohlenen sind und daher auch die Verantwortungssuche bei sich selbst nicht mehr zielführend ist. Heranwachsende orientieren sich an den Altersgenossen, verbringen viel Zeit mit ihnen und machen durch Gruppendruck bei Aktivitäten mit, die sie möglicherweise nicht wollen oder schädlich sind. Erzieher sind diesem Verhalten zwar nicht bedingungslos ausgeliefert, aber es ist in dieser Alterspanne schwieriger, Gehör zu finden, weswegen der Erzieher seine Verantwortung nicht abgibt, aber der Einfluss geringer wird und er in einem nicht mehr so großen Ausmaß „den Fehler bei sich selbst suchen muss" (Dräger, 2007, S. 14).

2. Plan zur Erziehung der Erzieher

Salzmann führt in seiner Schrift „Ameisenbüchlein" einen 11-Punkte-Plan ein, der der Selbsterziehung der Erzieher dient.

Die Kernstellen wichtiger Inhaltspunkte dieses Plans werden im Folgenden nun analysiert und interpretiert.

2.1. Gesundheit

Als ersten Punkt fordert Salzmann „Sei gesund!" (Dräger, 2007, S. 76), was sich auf das Symbolum (siehe 1.2. Veränderungen am eigenen Zustand) bezieht. Erzieher „[sind] im krankhaften Zustand (...) sehr reizbar, jeder Mutwille, jede Unbesonnenheit der Jugend erregt Unwillen" (Dräger, 2007, S. 76). Demnach haben deren Anweisungen laut Salzmann wenig Sinn, weil sie „von Galle triefen" oder „mit einem zitternden Ton vorgebracht werden". Gesundheit hat also einen unmittelbaren Einfluss auf die pädagogischen Fähigkeiten eines Erziehers.

Gesund leben hängt bei ihm von der Stärke des eigenen Willen des Erziehers ab, er hat es daher selbst unter Kontrolle, ob er ein stabiles körperliches und seelisches Befinden hat, wobei Salzmann größere Verletzungen nicht miteinschließt. Zur Aufrechterhaltung der Gesundheit empfiehlt er vorsichtige Abhärtung des Körpers, Keuschheit sowie einen geregelten Tagesrhythmus. Ferner bezieht er Gegenposition zur medikamentösen Behandlung von Beschwerden, da er dazu rät, die Ursache der Beschwerden „in der bisherige[n] Lebensweise" (Dräger, 2007, S. 76) zu suchen, anstatt sich in eine Apotheke zu begeben (Dräger, 2007, S. 76). Nach Finden des Ursprungs der Leiden soll man diese durch „einfache Mittel" beseitigen. Es wird die Ablehnung der Medikamente und der klassischen Medizin deutlich, da Salzmann es für ausreichend erachtet, seinen Körper selbst kennenzulernen und entsprechend auf dessen Befinden zu reagieren (Dräger, 2007, S. 77). Natürlich war die Medizin zur damaligen Zeit nicht so weit fortgeschritten wie heute und das Wissen über Arznei-mittel beruhte nicht auf wissenschaftlichen Erkenntnissen. Trotzdem ist es von Salz-mann unbedacht zu behaupten, eine Selbsterforschung des eigenen Körpers reiche, um gesund zu werden beziehungsweise zu bleiben, da ein Erzieher nicht das Wissen eines Arztes hat und einige Symptome nicht richtig deuten kann, was unter Umstän-den später zu Komplikationen führt. Aus diesem Grund ist dieser Ratschlag in der Gegenwart nicht mehr uneingeschränkt zu empfehlen.

Zusätzlich betont er bei angeborenen Beeinträchtigungen oder mangelhafter Be-obachtungsgabe des eigenen Wohlbefindens, vom Beruf des Pädagogen abzusehen, weil die Erziehung dadurch „lästig werde[n]" und man würde „mehr Schaden als Nut-zen stiften" (Dräger, 2007, S. 77). Salzmann drückt dies sehr drastisch aus, hat aber zum Teil recht. Es nützt weder dem Erzieher selbst noch dem Zögling, wenn erster ständig krank und somit nicht zur Erziehung fähig ist. Eingeordnet in den Kontext dieser Zeit gab es aber kaum Möglichkeiten, Krankheiten dauerhaft wirkungsvoll zu bekämpfen. Das sieht aber heute anders aus, sodass man durch spezielle Therapien ein fast oder ganz normales Leben führen kann. Einer an Epilepsie erkrankter Päda-goge hat beispielsweise durch sorgfältige ärztliche Überprüfung sowie eingestellte Medikamentengabe ein verringertes Risiko epileptische Anfälle zu bekommen und kann daher uneingeschränkt den Aufgaben seines Berufs nachgehen.

2.2. Heiterkeit

Mit „Sei immer heiter!" (Dräger, 2007, S. 77) läutet er den zweiten Rat an Erzieher ein. Dieser hängt eng mit dem Gesundheitszustand zusammen, welcher im vorheri-gen Kapitel behandelt wurde. So ist es für Menschen schwerer, fröhlich zu sein, wenn sie Schmerzen oder Sorgen haben. Entweder sind sie dann keinesfalls in der Lage, gute Laune zu haben oder diese wirkt gespielt.

Verständlicherweise kann kein Mensch jeden Tag nur vor Freude jauchzen, aber so-fern man einen Beruf im pädagogischen Bereich anstrebt, sollte man zumindest eine positive Lebenseinstellung haben, der man trotz manchmal aufkommenden Konflik-ten treu bleibt.

Salzmann schreibt, „in einer heiteren Stunde ist man unter seinen Zöglingen allmäch-tig" (Dräger, 2007, S. 77). Die Kinder fühlen sich in dieser Atmosphäre wohl und ma-chen es dem Pädagogen einfacher in der Wissensvermittlung und Erziehung, weil die Zöglinge zugänglicher sind.

Um von der schlechten Laune wegzukommen, leitet er wie im Kapitel zur Gesundheit dazu an, sich mit den Gründen dafür auseinanderzusetzen. Der Grund läge aber im-mer beim Erzieher selbst und nicht an äußerlichen Umständen (Dräger, 2007, S. 78).

Damit kann man Salzmann insofern zustimmen, dass immer die Sicht auf die Dinge entscheidend ist, ob man einen Sachverhalt positiv oder negativ sieht und darauf entsprechend reagiert. Allerdings ist es anzuzweifeln, ob jeder Mensch tagtäglich in gleicher Weise mit Ruhe und Besonnenheit auf jegliche Situationen reagiert und dessen Gemüt in solchen Fällen unbeeinflusst von der Umwelt bleibt.

2.3. Umgang und Beschäftigung mit Kindern

Gemeinsam zu behandeln sind die Selbsterziehungsratschläge „Lerne mit Kindern sprechen und umgehen" (Dräger, 2007, S. 80) und „Lerne mit Kindern dich zu beschäftigen" (Dräger, 2007, S. 84), da sie thematisch eng zusammenhängen.

Kommunikative Fähigkeiten sieht Salzmann als äußerst wichtig an und gibt als Beispiel, dass ein Stubengelehrter wissen muss, dass man sich in höheren Kreisen anders benimmt als in bäuerlicher Gesellschaft. Daraus schließt er, dass Pädagogen ebenso zu lernen haben, wie sie mit Kindern umgehen, wenn sie bis dahin keinen Umgang mit diesen hatten (Dräger, 2007, S. 80)

Zur Übung schlägt er häufigen Kontakt zu Kindern vor und „zum Stoff der Unterhaltung (...) die Erzählung" (Dräger, 2007, S. 80). Im Normalfall hängen die Kinder dann an den Lippen des Erzählers, sofern dieser eine angenehme Vortragsweise sowie einfallsreiche Geschichten hat und fordern am Ende der Ausführung, er solle weitererzählen. Salzmann schreibt Kindern die Eigenschaft zu, dass sie „an Erzählungen Vergnügen finden" (Dräger, 2007, S. 81), weswegen Störungen in Form von Unkonzentriertheit oder Zuwendung an alternative Aktivitäten auf den Erzieher selbst oder seine Art des Vortrags geschoben werden (Dräger, 2007, S. 81). Allerdings gibt es Kinder, zu deren Interessen nicht das Zuhören von Geschichten gehört. Ihnen beispielsweise andere Inhalte in Form von „Feen- und Zaubergeschichten" (Dräger, 2007, S. 81) anzubieten, schlägt Salzmann aus, da sie nicht gut für den Geist der Kinder wären (Dräger, 2007, S. 81). Davon abgesehen, ist es - zumindest in einer größeren Gruppe von Kindern - kaum durchführbar, auf jedes individuelle Interesse bei der Wahl der Inhalte Rücksicht zu nehmen.

Eingebettet in eine kleine Beispielsituation gibt Salzmann anschließend Tipps für das gelingende Erzählen. Er rät dazu, keine „allgemeine[n] Ausdrücke" (Dräger, 2007, S. 82) zu verwenden, sondern das Geschehen so ausführlich wie möglich zu beschreiben. Anstatt zu sagen: „die Mutter, als sie von ihrer Reise zurückkam, brachte sie ihren Kindern Früchte und Spielwerk mit" (Dräger, 2007, S. 82) sollte man als erzählender Erzieher lieber auf folgende Variante zurückgreifen: „als die Mutter von ihrer Reise zurückkam, brachte sie Fränzchen und Wilhelminchen eine Schachtel voll kleiner Teller, Leuchter, Schüsseln, Löffel, Bilder" (Dräger, 2007, S. 82), da diese „ sicher mehr Reiz als die erste" (Dräger, 2007, S. 82) hätte. Als nützlicher Nebeneffekt ergibt sich daraus, dass die Kinder einen breiten Wortschatz erlangen können. Ebenso empfiehlt er in die Haupthandlung unbedeutendere Nebenstränge einzubauen, die der Erzählung „mehr Leben geben" (Dräger, 2007, S. 82), was dafür sorgt, dass die zuhörenden Zöglinge wichtige von unwichtigen Informationen zu differenzieren lernen.

Außerdem misst er der Betonung der Tonlagen einzelner Personen in den erzählten Geschichten große Bedeutung zu. Man solle Charakteren die Stimme leihen, die sie „wirklich würden gesprochen haben" (Dräger, 2007, S. 83), um der Erzählung mehr Lebendigkeit zu geben und die Kinder gespannt zuhören (Dräger, 2007, S. 83). Allerdings ist darauf zu achten, es nicht zu übertreiben, indem man dennoch für die kindlichen Zuhörer altersgemäß spricht. Demzufolge mäßigt man die Stimmlage bei älteren Kindern, weil sie eine übertriebene Stimmen lustig finden und dadurch abgelenkt werden.

Salzmann befindet nicht nur ausschließlich Erzählungen zur Annäherung an die Gesellschaft der Kinder als ausreichend, sondern regt zusätzlich dazu an, mit ihnen zu spielen (Dräger, 2007, S. 84). Spiele sind so zu wählen, dass sie „entweder dem Leib eine freie angenehme Bewegung und Behendigkeit (...) verschaffen oder die geistigen Kräfte (...) üben" (Dräger, 2007, S. 84). Ist diese Voraussetzung Salzmanns erfüllt, ist noch zu beachten, dass das Spiel fördernd für die Kinder ist oder sie dadurch Spaß haben (Dräger, 2007, S. 85). Dem reinen Spiel mit Vergnügen sagt Salzmann ab und stellt in den Vordergrund, Zöglinge dazu anzuhalten, durch Spiele zu lernen. Schaut man sich heute im 21. Jahrhundert in Kinderbetreuungseinrichtungen um, so kann man erkennen, dass sich diese Idee in letzter Zeit durchgesetzt hat. Primär steht dort die Wissensvermittlung durch spielerische Art auf den Curricula. Zweifelsfrei ist frühkindliche Bildung wichtig, doch sollten Kinder auch einfach nur Kind sein und ohne Lerngedanken im Hintergrund spielen dürfen.

2.4. Kennenlernen der Umwelt

Um ein möglichst detailliertes und umfassendes Wissen zu bekommen, regt Salzmann dazu an „die Kenntnisse des menschlichen Fleißes [kennenzulernen]" (Dräger, 2007, S. 87), welches sich durch das genaue Kennenlernen der Umwelt nach und nach langsam aufbaut, wobei auf möglichst viele Facetten geachtet werden soll.

Er zeigt als Beispiel auf, dass man einen Bauern, der auf seinem Acker arbeitet, ansprechen und „über sein Geschäft und sein Werkzeug" (Dräger, 2007, S. 88) befragen soll. In diesem Gespräch erweitere man sein Wissen und schult zugleich kommunikative Fähigkeiten (Dräger, 2007, S. 89). Die Kenntnisse, die dabei erworben werden,

werden als nützlicher dargestellt als die Inhalte, welche an der Hochschule gelehrt werden (Dräger, 2007, S. 89). Der Unterschied liegt vermutlich an der Lebensnähe der Gegenstände, die man in der Natur findet und sich von der abstrakten Denk- und Arbeitsweise der Universitäten abgrenzen. Jedoch kann man als Erzieher mit Zöglingen nicht über Themen auf akademischem Niveau sprechen, sondern muss für diese Altersgruppe passende Inhalte auswählen. Daraus kann man für die pädagogische Praxis folgern, dass man trotz der wissenschaftlichen Ausbildung mit den Kindern sowie anderen Erwachsenen immer noch auf einer Stufe stehen sollte und sich an unterschiedliche Situationen des Lebens anpassen kann.

2.5. Kontakt zu gesunden Kindern

„Suche mit einer Familie oder einer Erziehungsgesellschaft in Verbindung zu kommen, deren Kinder oder Pflegesöhne sich durch einen hohen Grad von Gesundheit auszeichnen" (Dräger, 2007, S. 94) titelt Salzmann in seinem 9. Hinweis für Erzieher. Begründet wird dies damit, dass Erzieher ihre Zöglinge gesund halten sollen. Man könnte „zwar auch die nötigen Kenntnisse in den Schulen der Ärzte und aus den Büchern, die sie schreiben, erwerben" (Dräger, 2007, S. 94), allerdings sieht Salzmann es als praktischer an, sich Kenntnisse „im Umgang mit Personen, die es bewiesen haben, daß sie zur Erhaltung der Gesundheit der Kinder die nötige Einsicht und Geschicklichkeit besitzen" (Dräger, 2007, S. 94) anzueignen.

Als bildliches Beispiel nennt er einen Baumgärtner, der Bäume ohne jegliches Studium der Pflanzenkunde züchtet und dies lediglich durch Beobachtungen seines Vater oder Ausbilder gelernt hat (Dräger, 2007, S. 94). Wissen kann man sich zwar beispielsweise durch Bücher und Gespräche mit Experten erarbeiten, aber eine (möglichst regelmäßige) praktische Erfahrung ist dadurch nicht zu ersetzen

Diese These kann als Forderung nach mehr Praxis in der Erzieherausbildung verstanden werden, um möglichst weitreichende, praktisch anwendbare Fachkenntnisse zu gewinnen. Im Bezug auf die überwiegend theoretischen erziehungswissenschaftlichen Studiengänge ist die Forderung für die Gegenwart berechtigt. Jedoch sind durch den Bologna-Prozess und die damit verbundene Umstellung von Diplom/Magister auf Bachelor- und Masterstudiengänge, die Lehrpläne stärker verdichtet als früher, um die Absolventen möglichst früh auf den Arbeitsmarkt zu bringen, was aber dazu führt, dass wenig oder keine Zeit für ein zusätzlich verpflichtendes Praktikumssemester bleibt. Dabei würden mehrmalige Praxisphasen während des Studiums die Anwendbarkeit des an der Hochschule erworbenen theoretischen Wissens nicht nur fördern, sondern sogar noch vertiefen und festigen.

2.6. Vorbildhaltung

Salzmanns letzter Ratschlag an Erzieher lautet: „Handle immer so, wie du wünschest, daß deine Zöglinge handeln sollen!" (Dräger, 2007, S. 98). Er nimmt hier an, dass Kinder es bevorzugen, „Handlungen nachzuahmen, als Ermahnungen und Vorschriften zu befolgen" (Dräger, 2007, S. 98). Erzieher müssen daher in jeder Hinsicht als Vorbild fungieren. Grundlegend dafür nennt er das uneingeschränkte Eingeständnis von Fehlern jeglicher Art und die ernstgemeinte Besserung. Die Vollkommenheit, die der Erzieher dadurch erreicht, dient als Verstärkung der Belehrungen und Ermahnungen der Zöglinge. Das gezeigte vorbildliche Verhalten wird von den Kindern komplett übernommen, sodass sie ebenso einen tadellosen Charakter bekommen wie ihre Betreuer (Dräger, 2007, S. 99).

Bedenklich ist hierbei, ob es tatsächlich erstrebenswert ist, Kinder zu erziehen, welche in ihrem Benehmen und Handeln perfekt sind. Gerade Kinder sollten Fehler machen dürfen, damit sie aus ihnen lernen können. Kopieren sie immer wieder das makellose Verhalten ihrer Erzieher, haben sie keine Gelegenheit für eigene Fehler, die aber hilfreich für das eigene Lernen sind. Im Berufsleben werden die nun erwachsenen Zöglinge vermutlich keinen Vorgesetzen haben, der sich astrein verhält und dies an seine Mitarbeiter weitergibt. Spätestens hier könnte es Probleme geben, wenn die Kinder an den Umstand gewöhnt waren, dass Erwachsene sich keine Fehltritte erlauben (dürfen). Möglicherweise lehnen sie sich dann gegen Autoritäten auf, die nicht fehlerlos sind. Um dem entgegenzuwirken, sollten Pädagogen auch kleinere Fehler machen dürfen und auch verdeutlichen, dass sie nicht perfekt sind. Eingeständnis wie Verbesserung, die Salzmann fordert (Dräger, 2007, S. 99) gehören hier natürlich wieder genauso dazu. Fällt dem Erzieher zum Beispiel beim Tischdecken ein Teller hinunter und zerschellt, ist könnte er sagen: „Mir ist gerade ein Missgeschick passiert, das tut mir leid. Aber Fehler sind menschlich und in Zukunft werde ich nun vorsichtiger sein, wenn ich die Teller aus dem Schrank nehme."

III. Schluss: Salzmanns Pädagogik in der Gegenwart

In Anbetracht der damaligen Zeit entwickelte Salzmann mit seinen Ansichten eine neue Sichtweise in der Pädagogik. Niemand zuvor hatte je einen Plan zur Erziehung der Erzieher entwickelt und veröffentlicht. Mit seiner Idee, Erziehern die Verantwortung für das gezeigte Verhalten ihrer Zöglinge zu geben und nicht die Schuld am falschen Handeln ausschließlich den Kindern selbst zuschreiben war und ist das zentrale Anliegen in seiner Schrift, dem „Ameisenbüchlein". Zahlreiche anschauliche und praxisnahe Beispiele runden sein Konzept ab, weil sie für jeden Bürger, egal welchen Standes, verständlich geschrieben sind.

In seinem gesamten Werk ist immer nur die Rede von Jungen. Das ist wahrscheinlich dem Zustand geschuldet, dass in der Zeit, in der Salzmann lebte, Bildung und professionelle Erziehung fast ausschließlich Jungen vorbehalten war. Allerdings hätte er seine Bekanntheit als Pädagoge nutzen können, um auf Mädchenbildung aufmerksam zu machen und diese vielleicht sogar in seinem eigenen Institut einzuführen. Möglicherweise schloss er sich aber der damals vorherrschenden Meinung an, lediglich Jungen bräuchten eine gute Ausbildung. Da Salzmann in seinem Denken seiner Zeit gegenüber fortschrittlich war, ist stark davon auszugehen, dass er in der Gegenwart Mädchen auch in seinen Schriften berücksichtigen würde.

Zu kritisieren ist zudem, dass Salzmann mehrmals die Position vertritt, man solle seinen Wunsch Erzieher zu werden, überdenken oder gar nicht erst die Tätigkeit ausüben. Er hat dahingehend recht, dass manche Menschen nicht die nötigen (charakterlichen) Voraussetzungen dafür haben, um einen pädagogischen Beruf zu ergreifen und bestimmt meint er es nur gut für potentielle, ungeeignete Erzieher und deren Zöglinge, allerdings muss jeder selbst entscheiden, welchen Beruf er erlernen möchte. Selbst wenn man später im täglichen Umgang in der Arbeitswelt merkt, dass dieser Sektor nicht zu einem passt, kann man gerade im pädagogischen Bereich leicht in eine andere Richtung gehen und seine Laufbahn korrigieren.

Insgesamt sind die angesprochenen Themen im „Ameisenbüchlein" auch heute noch aktuell, da darin viele zeitlose Probleme der Pädagogik vorkommen wie etwa Vorbildcharakter der Erwachsenen, Umgang mit Kindern oder Unverständnis für deren Verhalten, die im Hauptteil dieser Arbeit behandelt wurden. In einigen Fällen ist es jedoch ratsam, die Ratschläge Salzmanns den heutigen Lebensbedingungen und -bedürfnissen entsprechend anzupassen, weil sie nicht mehr zeitgemäß sind.

Literaturverzeichnis

Dräger, M. (Hrsg.). (2007). *Salzmanns pädagogische Schriften I - Krebsbüchlein und Ameisenbüchlein.* St. Goar: Reichl-Verlag